COMMENT CONSTRUIRE LA CONFIANCE CHEZ LES ENFANTS

Stratégies éprouvées pour renforcer la résilience, l'estime de soi, favoriser la confiance et la réussite dans le monde compétitif d'aujourd'hui

ALINA ROBERTSON

Clause de non-responsabilité

Les informations fournies dans ce livre sont uniquement à des fins éducatives et informatives et ne sont pas destinées à remplacer un avis médical professionnel, un diagnostic ou un traitement. Demandez toujours l'avis de votre médecin ou d'un autre professionnel de la santé qualifié pour toute question que vous pourriez avoir concernant un problème de santé. L'auteur et l'éditeur de ce livre ne sont pas responsables des effets indésirables ou des conséquences résultant de l'utilisation des informations présentées ici. Les lecteurs assument l'entière responsabilité de leurs propres actions et décisions.

TABLE DES MATIÈRES

Introduction

Le parcours parental et de soins, l'un des cadeaux les plus profonds que nous puissions offrir aux enfants, est le développement de la confiance. "Comment renforcer la confiance chez les enfants" est votre guide pour comprendre et cultiver cette qualité essentielle chez les jeunes esprits confiés à vos soins.

Comprendre l'importance de la confiance chez les enfants

La confiance est la pierre angulaire sur laquelle les enfants construisent leur avenir. C'est plus qu'une simple assurance en soi ; c'est le fondement de la confiance en soi qui leur permet de relever les défis de la vie avec résilience et détermination. Voici pourquoi la confiance est cruciale pour les enfants :

1. **Excellence académique :** les enfants confiants abordent

l'apprentissage avec enthousiasme et curiosité. Ils adoptent volontiers de nouvelles idées, posent des questions et s'engagent activement dans le processus d'apprentissage, ce qui mène à la réussite scolaire et à un amour permanent de l'apprentissage.

2. **Épanouissement social :** la confiance permet aux enfants d'établir des liens significatifs avec leurs pairs, de communiquer efficacement et de naviguer facilement dans les interactions sociales. Ils s'affirment, expriment leurs pensées et leurs sentiments et nouent des relations positives fondées sur le respect et la compréhension mutuels.

3. **Relever les défis :** Les enfants confiants voient les défis comme des opportunités de croissance et d'apprentissage. Ils font preuve de résilience, de persévérance et d'une

volonté de réessayer, même face à des revers ou des échecs.

4. **Poursuite des objectifs** : Avec la confiance comme fondement, les enfants sont encouragés à se fixer des objectifs ambitieux et à travailler avec diligence pour les atteindre. Ils possèdent la confiance en eux et la détermination nécessaires pour surmonter les obstacles et transformer leurs rêves en réalité.

5. **Image de soi positive :** La confiance favorise une image de soi positive et un fort sentiment d'estime de soi chez les enfants. Ils reconnaissent et apprécient leurs forces et leurs talents uniques, célèbrent leurs réalisations et abordent la vie avec optimisme et assurance.

Comprendre l'importance de la confiance jette les bases d'un soutien efficace aux enfants dans leur voyage de découverte de soi et de croissance.

Comprendre la confiance

La confiance est un attribut puissant qui influence presque tous les aspects de la vie d'un enfant. Cela façonne leurs croyances, leurs attitudes et leurs comportements, ce qui a un impact sur leur réussite scolaire, leurs interactions sociales et leur bien-être général. Dans cette section, nous explorerons ce que signifie réellement la confiance en soi et pourquoi les enfants doivent la développer.

Définir la confiance et ses composantes

La confiance est souvent décrite comme une confiance en soi et en ses capacités. C'est la conviction intérieure que vous pouvez atteindre vos objectifs et surmonter les obstacles. Cependant, la confiance n'est pas un trait statique ; il est dynamique et peut varier selon les situations et les contextes.

La confiance comprend plusieurs éléments, chacun contribuant au sentiment général de confiance en soi d'un enfant :

1. **Auto-efficacité :** cela fait référence à la croyance d'un enfant en sa capacité à accomplir des tâches ou des objectifs spécifiques. Lorsque les enfants ont une grande efficacité personnelle, ils se sentent compétents pour relever les défis, ce qui conduit à une motivation et une performance accrues.

2. **Image de soi :** L'image de soi englobe la façon dont les enfants se perçoivent et perçoivent leur valeur. Une image de soi positive implique de s'accepter, de reconnaître ses forces et ses faiblesses et de se sentir bien dans sa peau.

3. **Estime de soi :** L'estime de soi se rapporte à l'évaluation globale par un

enfant de sa valeur et de sa valeur en tant que personne. Cela reflète leur estime de soi et joue un rôle crucial dans la détermination de leur niveau de confiance.

4. **Confiance en soi :** La confiance en soi est la croyance en sa capacité à réussir dans diverses situations. Cela implique la confiance en soi, la volonté de prendre des risques et la résilience nécessaire pour se remettre des revers.

Lorsque ces éléments s'alignent harmonieusement, les enfants développent un solide sentiment de confiance qui leur permet de relever les défis de la vie avec courage et résilience. Cependant, il est essentiel de reconnaître que la confiance n'est pas une caractéristique fixe et peut fluctuer au fil du temps. Des facteurs externes, tels que les expériences, les commentaires des autres et les influences environnementales, peuvent tous avoir un impact sur le niveau de confiance d'un enfant.

Les avantages de renforcer la confiance chez les enfants

Renforcer la confiance chez les enfants produit une myriade d'avantages qui s'étendent bien au-delà de leur situation immédiate. Voici quelques-uns des principaux avantages de favoriser la confiance chez les jeunes esprits :

1. **Amélioration des performances académiques** : les enfants confiants abordent l'apprentissage avec enthousiasme et curiosité. Ils participent activement aux activités en classe, participent aux discussions et prennent des risques académiques. En conséquence, ils excellent souvent sur le plan académique et développent un amour permanent de l'apprentissage.

2. **Compétences sociales améliorées** : La confiance permet aux

enfants de naviguer dans les interactions sociales avec facilité et grâce. Les enfants confiants sont plus susceptibles d'engager des conversations, de s'affirmer en groupe et de nouer des relations positives avec leurs pairs. Ils font preuve d'empathie, de gentillesse et de respect envers les autres, favorisant ainsi un environnement social solidaire et inclusif.

3. **Une plus grande résilience** : La confiance donne aux enfants la résilience nécessaire pour surmonter les obstacles et les revers. Les enfants confiants voient les défis comme des opportunités de croissance et d'apprentissage plutôt que comme des obstacles insurmontables. Ils rebondissent après un échec avec détermination et optimisme, et en ressortent plus forts et plus résilients qu'auparavant.

4. **Indépendance accrue :** La confiance encourage l'indépendance et l'autonomie des enfants. Les enfants confiants font confiance à leurs capacités et à leur jugement, ce qui leur permet de prendre des décisions et de prendre des initiatives dans divers aspects de leur vie. Ils sont plus susceptibles de poursuivre leurs intérêts, d'explorer de nouvelles opportunités et de tracer leur chemin vers le succès.

5. **Image de soi positive :** La confiance favorise une image de soi positive et un fort sentiment d'estime de soi chez les enfants. Les enfants confiants reconnaissent et apprécient leurs qualités, talents et contributions uniques. Ils embrassent leur individualité et célèbrent leurs réalisations, cultivant un sain sentiment d'estime de soi et d'acceptation de soi.

En favorisant la confiance chez les enfants, nous leur donnons les moyens de réaliser leur potentiel et de s'épanouir dans tous les aspects de leur vie. En tant que soignants et éducateurs, nous jouons un rôle essentiel pour inspirer confiance aux enfants qui nous sont confiés. Grâce à l'encouragement, au soutien et au renforcement positif, nous pouvons aider les enfants à développer la confiance en soi et la résilience nécessaires pour surmonter les défis et poursuivre leurs rêves avec confiance et détermination.

Identifier les défis à la confiance

Au fur et à mesure que les enfants parcourent le chemin de la croissance, ils rencontrent divers obstacles qui peuvent entraver le développement de la confiance. Comprendre ces défis est crucial pour les parents, les éducateurs et les tuteurs, car cela leur permet de fournir un soutien et des conseils ciblés pour aider les enfants à surmonter ces obstacles. Dans cette section, nous explorerons les obstacles courants rencontrés par les enfants et les facteurs externes qui ont un impact sur le développement de la confiance.

Obstacles courants rencontrés par les enfants

1. **Peur de l'échec :** La peur de l'échec est un défi omniprésent qui peut avoir un impact significatif sur la confiance d'un enfant. Les enfants peuvent éviter

d'essayer de nouvelles choses ou de prendre des risques par peur de ne pas réussir. Cette peur peut provenir de la pression exercée pour obtenir de bons résultats scolaires, sociaux ou dans des activités parascolaires.

2. **Comparaison avec leurs pairs :** Dans la société compétitive d'aujourd'hui, les enfants sont souvent soumis à des comparaisons avec leurs pairs. Qu'il s'agisse de résultats scolaires, de capacités sportives ou de popularité sociale, les enfants peuvent se sentir inadéquats lorsqu'ils se perçoivent comme étant en retard par rapport aux autres. Cette comparaison constante peut éroder leur confiance et leur estime de soi au fil du temps.

3. **Discours intérieur négatif :** les enfants ne sont pas à l'abri des discours intérieurs négatifs, intériorisant les remarques critiques ou désobligeantes faites par les autres ou par eux-mêmes.

Un discours intérieur négatif peut miner leur confiance et conduire à des sentiments de doute et d'inutilité. Il est essentiel d'aider les enfants à reconnaître et à combattre ces pensées négatives, en les remplaçant par des affirmations positives et un encouragement personnel.

4. **Perfectionnisme :** Certains enfants peuvent souffrir de perfectionnisme, se fixer des normes incroyablement élevées et devenir trop critiques lorsqu'ils ne parviennent pas à les atteindre. Le perfectionnisme peut créer un cercle vicieux de doute de soi et d'anxiété, empêchant les enfants de prendre des risques ou d'essayer de nouvelles choses de peur de ne pas être parfaits.

5. **Intimidation et pression des pairs :** L'intimidation et la pression des pairs peuvent avoir un impact dévastateur sur la confiance et l'estime de soi d'un

enfant. Les enfants victimes d'intimidation peuvent intérioriser des messages négatifs sur eux-mêmes, conduisant à des sentiments de honte, d'isolement et d'inadéquation. De même, la pression des pairs pour se conformer à certains comportements ou normes peut miner le sentiment de soi et d'authenticité d'un enfant.

6. **Manque d'environnement favorable** : Un manque de soutien de la part des parents, des tuteurs ou des éducateurs peut également entraver le développement de la confiance chez les enfants. Lorsque les enfants ne se sentent pas valorisés, respectés ou encouragés dans leur environnement, ils peuvent avoir du mal à croire en eux-mêmes et en leurs capacités.

Facteurs externes ayant un impact sur le développement de la confiance

1. **Influence parentale :** Les parents jouent un rôle important dans la détermination du niveau de confiance de leurs enfants. L'implication, l'encouragement et le soutien positifs des parents peuvent renforcer la confiance en soi et la résilience d'un enfant. À l'inverse, des styles parentaux trop critiques ou exigeants peuvent miner la confiance et contribuer à un sentiment d'inadéquation.

2. **Environnement éducatif :** L'environnement scolaire joue un rôle crucial dans la formation de la confiance et de l'estime de soi des enfants. Des enseignants solidaires, des relations positives avec leurs pairs et des opportunités de réussite peuvent renforcer les niveaux de confiance, tandis qu'un manque de soutien ou un climat scolaire négatif peuvent éroder la confiance et la motivation.

3. **Médias et société** : Les représentations médiatiques et les attentes sociétales peuvent avoir un impact sur la perception qu'ont les enfants d'eux-mêmes et de leur valeur. Des normes de beauté irréalistes, des stéréotypes de genre et des représentations du succès peuvent façonner les croyances des enfants sur ce que signifie avoir confiance en soi et réussir.

4. **Influences communautaires et culturelles** : les normes culturelles, les traditions et les valeurs communautaires peuvent influencer profondément la confiance des enfants. Les enfants issus de communautés marginalisées ou sous-représentées peuvent être confrontés à des défis uniques liés à l'identité, à l'appartenance et à l'acceptation, ce qui a un impact sur leur confiance et leur estime de soi.

5. **Expériences traumatisantes :** Les enfants qui subissent un traumatisme ou des expériences négatives pendant leur enfance peuvent avoir des problèmes de confiance en eux découlant de sentiments d'insécurité, de peur ou de honte. Il est essentiel de fournir un soutien et des ressources tenant compte des traumatismes pour aider ces enfants à guérir et à retrouver confiance en eux.

Identifier et résoudre ces défis et facteurs externes est essentiel pour aider les enfants à développer leur confiance et leur résilience. En créant un environnement favorable et stimulant, en offrant encouragement et validation, et en enseignant des compétences d'adaptation et d'auto-compassion, nous pouvons permettre aux enfants de surmonter les obstacles et de s'épanouir en toute confiance.

Construire une base de confiance

En tant que parent, soignant ou éducateur, vous avez le pouvoir de jeter les bases de la confiance et de la confiance en soi de votre enfant. Construire une base solide de confiance commence par la création d'un environnement favorable à la maison et par le développement de l'estime de soi et de l'image de soi positive de votre enfant. Dans cette section, nous explorerons des stratégies et des techniques pratiques pour vous aider à favoriser la confiance chez les enfants dont vous avez la garde.

Créer un environnement favorable à la maison

1. **Amour et acceptation inconditionnels** : Montrez à votre enfant un amour et une acceptation inconditionnels, quels que soient ses

réalisations ou ses défauts. Faites-leur savoir qu'ils sont valorisés et aimés pour qui ils sont, pas seulement pour ce qu'ils font.

2. **Encouragement et renforcement positif :** Encouragez les efforts et les réalisations de votre enfant, peu importe leur taille. Offrez des éloges spécifiques et un renforcement positif pour renforcer leur confiance et leur estime de soi.

3. **Communication ouverte :** Créer un environnement où la communication ouverte est encouragée et valorisée. Écoutez les pensées, les sentiments et les préoccupations de votre enfant sans jugement et offrez-lui soutien et conseils si nécessaire.

4. **Fixer des attentes réalistes :** évitez d'imposer des attentes irréalistes ou de faire pression sur votre enfant pour qu'il excelle dans tous les aspects de sa vie. Au lieu de cela, concentrez-vous sur la

définition d'objectifs réalistes et célébrez leurs progrès et leurs réalisations en cours de route.

5. **Modéliser la confiance :** Soyez un modèle positif pour votre enfant en faisant preuve de confiance et d'assurance dans vos actions et vos comportements. Montrez-leur qu'il est normal de faire des erreurs, apprenez-en et encouragez-les à faire de même.

6. **Créer un espace sûr et solidaire :** Favorisez un environnement familial sûr et solidaire dans lequel votre enfant se sent à l'aise pour s'exprimer et prendre des risques. Encouragez-les à explorer leurs intérêts et leurs passions sans crainte de jugement ou de critique.

Nourrir l'estime de soi et une image de soi positive

1. **Promouvoir la découverte de soi :** Encouragez votre enfant à explorer ses intérêts, ses talents et ses passions

pour l'aider à découvrir ses forces et à renforcer sa confiance en ses capacités.

2. **Célébrer l'individualité :** Célébrez les qualités, les talents et les réalisations uniques de votre enfant et encouragez-le à accepter son individualité. Aidez-les à reconnaître et à apprécier les choses qui les rendent spéciaux.

3. **Offrir des commentaires constructifs :** fournissez des commentaires constructifs pour aider votre enfant à apprendre et à grandir, mais soyez attentif à la manière dont vous les fournissez. Concentrez-vous sur la mise en valeur de leurs points forts et offrez des conseils d'amélioration de manière solidaire et encourageante.

4. **Encourager le discours intérieur positif** : Apprenez à votre enfant à utiliser un discours intérieur et des

affirmations positives pour combattre les pensées négatives et renforcer sa confiance. Encouragez-les à remplacer le doute de soi par l'auto-encouragement et rappelez-leur leurs capacités.

5. **Enseigner les compétences d'adaptation :** Équipez votre enfant de compétences et de stratégies d'adaptation pour l'aider à surmonter les défis et les revers. Apprenez-leur à résoudre des problèmes, à faire face au stress et à rebondir après un échec avec résilience et détermination.

6. **Cultiver la gratitude et la pleine conscience :** Favorisez un sentiment de gratitude et de pleine conscience chez votre enfant en l'encourageant à se concentrer sur le moment présent et à apprécier les bénédictions de sa vie. Aidez-les à cultiver une attitude positive et une résilience face à l'adversité.

En créant un environnement favorable à la maison et en nourrissant l'estime de soi et l'image positive de votre enfant, vous posez les bases de sa confiance et de sa réussite dans la vie. Votre amour, vos encouragements et vos conseils leur permettront de relever les défis de la vie avec résilience, optimisme et une confiance en soi inébranlable.

Techniques de communication efficaces

Une communication efficace est essentielle pour établir des relations solides et positives avec les enfants et favoriser leur confiance et leur estime de soi. En communiquant efficacement, vous pouvez créer un environnement favorable et stimulant dans lequel les enfants se sentent valorisés, entendus et compris. Dans cette section, nous explorerons des techniques pratiques pour communiquer positivement avec les enfants et encourager l'ouverture et l'expressivité.

Communiquer positivement avec les enfants

1. **Utilisez un langage positif :** Choisissez des mots et des expressions positifs et édifiants lorsque vous parlez aux enfants. Évitez d'utiliser un langage négatif ou des critiques, car cela peut

miner leur confiance et leur estime de soi. Au lieu de cela, concentrez-vous sur la mise en valeur de leurs points forts et sur les encouragements et les félicitations pour leurs efforts et leurs réalisations.

2. **Écoute active :** pratiquez l'écoute active lorsque vous communiquez avec les enfants, ce qui implique de leur accorder toute votre attention, de maintenir un contact visuel et de montrer un véritable intérêt pour ce qu'ils ont à dire. Écoutez sans l'interrompre et validez leurs sentiments et leurs expériences pour qu'ils se sentent entendus et compris.

3. **Soyez empathique :** faites preuve d'empathie et de compréhension envers les pensées, les sentiments et les expériences des enfants. Mettez-vous à leur place et essayez de voir les choses de leur point de vue. Reconnaissez leurs émotions et validez leurs

expériences, même si vous n'êtes pas nécessairement d'accord avec elles.

4. **Fournissez des commentaires constructifs :** lorsque vous offrez des commentaires ou des conseils, concentrez-vous sur la fourniture de critiques constructives qui sont spécifiques, exploitables et encourageantes. Évitez les critiques sévères ou les jugements négatifs, car cela peut être démoralisant et miner la confiance. Au lieu de cela, proposez des suggestions d'amélioration et félicitez leurs efforts et leurs progrès.

5. **Encourager l'indépendance :** donnez aux enfants les moyens de s'exprimer et de prendre leurs propres décisions en encourageant l'indépendance et l'autonomie. Offrez-leur des conseils et un soutien en cas de besoin, mais accordez-leur la liberté d'explorer leurs intérêts, de faire des

choix et d'apprendre de leurs expériences.

6. **Soyez accessible :** créez un environnement dans lequel les enfants se sentent à l'aise pour vous aborder avec leurs pensées, leurs préoccupations et leurs questions. Soyez accessible et ouvert d'esprit, et encouragez une communication ouverte en étant réceptif à leurs idées et opinions.

Encourager l'ouverture et l'expressivité

1. **Créez un espace sûr :** Favorisez un environnement dans lequel les enfants se sentent en sécurité et s'expriment sans crainte de jugement ou de critique. Créez des lignes de communication ouvertes et faites-leur savoir qu'ils peuvent vous proposer n'importe quoi, peu importe sa taille.

2. **Valider les sentiments :** Validez les sentiments et les émotions des enfants en les reconnaissant et en les acceptant sans jugement. Faites-leur savoir qu'il est normal de ressentir toute une gamme d'émotions et que vous êtes là pour les soutenir dans toutes les situations qu'ils vivent.

3. **Encouragez l'expression de soi :** encouragez les enfants à s'exprimer de manière créative à travers l'art, l'écriture, la musique ou d'autres formes d'expression de soi. Offrez-leur l'occasion d'explorer leurs intérêts et leurs passions et de s'exprimer de manière significative.

4. **Modèle d'ouverture :** Soyez un modèle d'ouverture et d'expressivité en partageant vos pensées, vos sentiments et vos expériences avec vos enfants d'une manière respectueuse et adaptée à leur âge. Démontrez de saines

compétences en communication et encouragez-les à faire de même.

5. **Engagement actif :** s'engager activement avec les enfants dans des conversations et des activités qui favorisent l'ouverture et l'expressivité. Posez des questions ouvertes, écoutez activement leurs réponses et engagez-vous dans des discussions significatives qui les encouragent à partager leurs pensées et leurs sentiments.

6. **Respectez les limites :** respectez les limites et l'espace personnel des enfants, et évitez de les forcer à partager plus que ce avec quoi ils sont à l'aise. Faites-leur savoir qu'ils peuvent fixer des limites et que leur vie privée sera respectée.

En communiquant positivement avec les enfants et en encourageant l'ouverture et l'expressivité, vous créez un environnement favorable et stimulant dans lequel ils se sentent valorisés, entendus et compris. Vos efforts pour développer des compétences de communication saines permettront aux enfants de s'exprimer avec confiance et de développer des relations solides et positives avec les autres.

Encourager l'indépendance et la résilience

Encourager l'indépendance et la résilience chez les enfants est essentiel pour leur croissance et leur développement global. En favorisant l'indépendance dans la prise de décision et en enseignant les capacités d'adaptation et la résilience, vous donnez aux enfants les moyens de relever les défis de la vie avec confiance et adaptabilité. Dans cette section, nous explorerons des stratégies pratiques pour promouvoir l'indépendance et la résilience des enfants dont vous avez la garde.

Favoriser l'indépendance dans la prise de décision

1. **Offrez des choix :** donnez aux enfants la possibilité de prendre des décisions et de faire des choix dans leur vie quotidienne. Offrez-leur une gamme

d'options et permettez-leur de sélectionner leurs préférences. Cela peut être aussi simple que de choisir quoi porter, quoi manger au petit-déjeuner ou quelle activité faire après l'école.

2. **Encouragez la résolution de problèmes :** encouragez les enfants à résoudre les problèmes et à surmonter les obstacles de manière indépendante. Au lieu d'intervenir immédiatement pour proposer des solutions, posez des questions ouvertes qui les incitent à réfléchir de manière critique et à proposer leurs solutions. Cela les aide à développer leurs compétences en résolution de problèmes et leur confiance en leurs capacités.

3. **Fournir des conseils et un soutien :** bien qu'il soit important d'encourager l'indépendance, fournissez des conseils et un soutien en cas de besoin. Offrez de l'aide et des conseils

lorsque les enfants sont confrontés à des difficultés ou prennent des décisions difficiles, mais donnez-leur les moyens de faire leurs propres choix.

4. **Célébrez les réussites :** Célébrez les réussites et les réalisations des enfants, aussi petites soient-elles. Reconnaissez leurs efforts et félicitez leurs capacités de prise de décision, renforçant ainsi leur confiance et leur sentiment d'autonomie.

5. **Autoriser les erreurs :** Encouragez les enfants à accepter l'échec comme un élément naturel du processus d'apprentissage. Aidez-les à comprendre que faire des erreurs est acceptable et que c'est une opportunité d'apprendre et de grandir. Encouragez un état d'esprit de croissance en mettant l'accent sur l'importance de la persévérance et de la résilience face aux revers.

6. **Augmentez progressivement la responsabilité :** augmentez progressivement les responsabilités et l'indépendance des enfants à mesure qu'ils grandissent et démontrent qu'ils sont prêts. Donnez-leur des tâches et des corvées adaptées à leur âge à accomplir de manière autonome, comme ranger leur chambre, préparer leurs collations ou gérer leurs devoirs.

Enseigner les capacités d'adaptation et la résilience

1. **Régulation émotionnelle :** Apprenez aux enfants des façons saines de gérer leurs émotions et de faire face au stress. Encouragez-les à pratiquer la respiration profonde, la pleine conscience ou d'autres techniques de relaxation lorsqu'ils se sentent dépassés ou anxieux. Aidez-les à identifier et à étiqueter leurs émotions, et à valider leurs sentiments sans jugement.

2. **Compétences en résolution de problèmes :** enseignez aux enfants des compétences efficaces en résolution de problèmes pour les aider à surmonter les défis et les revers. Encouragez-les à décomposer les problèmes en étapes gérables, à réfléchir à des solutions possibles et à évaluer les conséquences de chaque option. Donnez-leur les moyens d'agir et de mettre en œuvre la solution choisie.

3. **Encourager la flexibilité :** Favoriser la flexibilité et l'adaptabilité chez les enfants en les aidant à comprendre que la vie est pleine de rebondissements inattendus. Encouragez-les à aborder les nouvelles situations avec un esprit ouvert et une volonté de s'adapter aux circonstances changeantes.

4. **Construisez un réseau de soutien :** aidez les enfants à cultiver des liens sociaux solides et des relations de soutien avec la famille, les amis, les

enseignants et d'autres adultes de confiance. Encouragez une communication ouverte et offrez aux enfants la possibilité de demander de l'aide et du soutien en cas de besoin.

5. **Conversation intérieure positive :** Apprenez aux enfants à cultiver un dialogue intérieur positif et à remettre en question les pensées et croyances négatives. Encouragez-les à remplacer le doute de soi par de l'auto-compassion et de l'optimisme, en leur rappelant leurs forces et leurs capacités.

6. **Modèle de résilience :** Soyez un modèle positif en matière de résilience en faisant preuve de saines capacités d'adaptation et de persévérance face à l'adversité. Partagez vos propres expériences de surmonter les défis et les revers, et soulignez l'importance de la résilience pour réussir.

En encourageant l'indépendance dans la prise de décision et en enseignant les capacités d'adaptation et la résilience, vous donnez aux enfants les outils et la confiance dont ils ont besoin pour relever les défis de la vie avec résilience et adaptabilité. Vos conseils et votre soutien jouent un rôle essentiel en aidant les enfants à développer les compétences et l'état d'esprit nécessaires pour s'épanouir dans un monde en constante évolution.

Promouvoir l'état d'esprit de croissance et l'établissement d'objectifs

Encourager un état d'esprit de croissance et l'établissement d'objectifs chez les enfants est crucial pour leur développement scolaire et personnel. En inculquant un état d'esprit de croissance et en leur apprenant à fixer et à atteindre des objectifs réalistes, vous donnez aux enfants les moyens de relever les défis, de persister face aux revers et d'atteindre leur plein potentiel. Dans cette section, nous explorerons des stratégies pratiques pour promouvoir un état d'esprit de croissance et l'établissement d'objectifs chez les enfants dont vous avez la garde.

Inculquer un état d'esprit de croissance aux enfants

1. **Mettez l'accent sur l'effort et la persévérance :** apprenez aux enfants que le succès n'est pas uniquement déterminé par le talent ou l'intelligence innée, mais aussi par l'effort et la persévérance. Encouragez-les à considérer les défis comme des opportunités de croissance et d'apprentissage, plutôt que de les éviter par peur de l'échec.

2. **Processus de louange plutôt que résultat :** Concentrez-vous sur la louange des efforts, des stratégies et des progrès des enfants plutôt que uniquement sur leurs réalisations. Mettez en valeur leur travail acharné, leur persévérance et leur résilience, renforçant ainsi l'idée que le succès vient d'un effort et d'une amélioration continus.

3. **Normaliser les erreurs et les échecs** : Aidez les enfants à comprendre que faire des erreurs et connaître l'échec sont des éléments naturels et essentiels du processus d'apprentissage. Encouragez-les à considérer les revers comme des opportunités d'apprendre, de grandir et de s'améliorer, plutôt que comme des indicateurs de leur intelligence ou de leur valeur.

4. **Encourager l'amour de l'apprentissage** : Favoriser l'amour de l'apprentissage chez les enfants en encourageant la curiosité, l'exploration et la curiosité intellectuelle. Offrez-leur la possibilité de poursuivre leurs intérêts, de poser des questions et de participer à des expériences d'apprentissage pratiques qui enflamment leur passion pour l'apprentissage.

5. **Enseigner le pouvoir du « encore » :** Présentez aux enfants le concept du « encore », en soulignant qu'ils n'ont peut-être pas encore maîtrisé une compétence ou un concept particulier, mais qu'avec des efforts et de la persévérance, ils peuvent s'améliorer et atteindre leurs objectifs au fil du temps.

6. **Modélisez un état d'esprit de croissance :** soyez un modèle positif pour un état d'esprit de croissance en faisant preuve de résilience, de persévérance et d'une volonté d'apprendre et de grandir. Partagez des histoires sur vos défis, vos revers et vos réussites, et soulignez l'importance de maintenir une attitude positive et un état d'esprit de croissance pour surmonter les obstacles.

Fixer et atteindre des objectifs réalistes

1. **Objectifs SMART :** apprenez aux enfants à définir des objectifs SMART : spécifiques, mesurables, réalisables, pertinents et limités dans le temps. Aidez-les à identifier les objectifs spécifiques qu'ils souhaitent atteindre et à les diviser en étapes plus petites et gérables.

2. **Encourager l'appropriation :** encouragez les enfants à s'approprier leurs objectifs en les impliquant dans le processus de définition d'objectifs. Aidez-les à identifier leurs forces, leurs intérêts et leurs points à améliorer, et aidez-les à fixer des objectifs qui correspondent à leurs aspirations et à leurs valeurs.

3. **Fournir un soutien et des conseils :** Offrir un soutien et des conseils pour aider les enfants à élaborer des plans d'action et des stratégies pour atteindre leurs objectifs. Décomposez les grands objectifs en

tâches plus petites et réalisables et fournissez des ressources, des encouragements et des responsabilités tout au long du processus.

4. **Célébrez les progrès :** Célébrez les progrès et les réalisations des enfants alors qu'ils travaillent à atteindre leurs objectifs. Reconnaissez leurs efforts et leurs jalons, et félicitez leur dévouement, leur persévérance et leur résilience pour surmonter les obstacles et rester concentrés sur leurs objectifs.

5. **Ajuster et s'adapter :** Encouragez les enfants à être flexibles et adaptables dans leur processus d'établissement d'objectifs. Aidez-les à reconnaître quand des ajustements peuvent être nécessaires et encouragez-les à réviser leurs objectifs ou leurs plans d'action si nécessaire en fonction de l'évolution des circonstances ou de nouvelles informations.

6. **Réfléchir et apprendre :** encouragez les enfants à réfléchir à leurs progrès et à leurs expériences tout en travaillant vers leurs objectifs. Aidez-les à identifier ce qui s'est bien passé, les défis auxquels ils ont été confrontés et ce qu'ils ont appris du processus. Encouragez l'introspection et la conscience de soi pour favoriser une croissance et une amélioration continues.

En favorisant un état d'esprit de croissance et l'établissement d'objectifs chez les enfants, vous leur permettez de s'approprier leur apprentissage et leur développement personnel. Vos conseils et votre soutien jouent un rôle crucial en aidant les enfants à développer les compétences, les attitudes et les habitudes nécessaires pour se fixer des objectifs significatifs, surmonter les obstacles et réussir dans tous les domaines de leur vie.

Accepter l'échec et apprendre de ses erreurs

Accepter l'échec et apprendre de ses erreurs sont des éléments essentiels de la croissance et du développement personnels. En tant que soignant ou éducateur, il est important d'enseigner aux enfants que l'échec n'est pas quelque chose à craindre ou à éviter, mais plutôt à considérer comme une partie naturelle et nécessaire du processus d'apprentissage. Dans cette section, nous explorerons des stratégies pratiques pour normaliser l'échec dans le cadre de l'apprentissage et encourager la réflexion et l'adaptation chez les enfants.

Normaliser l'échec dans le cadre de l'apprentissage
1. **Recadrez l'échec sous forme de rétroaction :** aidez les enfants à comprendre que l'échec n'est pas le

reflet de leur valeur ou de leur intelligence, mais plutôt une rétroaction qui peut les aider à apprendre et à grandir. Encouragez-les à considérer les revers comme des opportunités d'identifier les domaines à améliorer et de développer la résilience et la persévérance.

2. **Partagez des histoires personnelles** : partagez des histoires de vos propres expériences d'échec et comment vous en avez appris et grandi. En normalisant l'échec et en démontrant que tout le monde connaît parfois des revers, vous aidez les enfants à se sentir moins seuls dans leurs luttes et plus autonomes pour persévérer face à l'adversité.

3. **Célébrez l'effort et le progrès :** déplacez l'attention des résultats vers l'effort et le progrès en célébrant le travail acharné, la persévérance et la résilience des enfants, quel que soit le

résultat. Reconnaissez leur volonté de prendre des risques, d'essayer de nouvelles choses et d'apprendre de leurs erreurs, renforçant ainsi l'idée que l'effort et la croissance sont plus importants que la perfection.

4. **Encouragez la prise de risques :** créez un environnement favorable dans lequel les enfants se sentent à l'aise de prendre des risques et d'essayer de nouvelles choses. Encouragez-les à sortir de leur zone de confort, à se mettre au défi et à poursuivre leurs passions, sachant que l'échec fait naturellement partie du processus d'apprentissage.

5. **Fournir des commentaires constructifs :** offrez des commentaires constructifs qui se concentrent sur des domaines spécifiques à améliorer et fournissent des conseils pour un succès futur. Aidez les enfants à identifier ce qui n'a pas fonctionné, ce qu'ils ont

appris de cette expérience et comment ils peuvent appliquer ces connaissances à leurs projets futurs.

6. **Encourager la résilience :** enseignez aux enfants la résilience en les aidant à développer des capacités d'adaptation et des stratégies pour rebondir après un échec. Encouragez-les à rester positifs, à maintenir un état d'esprit de croissance et à persévérer face aux revers, sachant qu'ils peuvent surmonter les défis et réussir à long terme.

Encourager la réflexion et l'adaptation

1. **Promouvoir l'auto-réflexion :** Encouragez les enfants à réfléchir à leurs expériences et à identifier ce qu'ils ont bien fait, ce qu'ils pourraient améliorer et ce qu'ils ont appris de la situation. Fournissez des invites ou des exercices de journalisation pour les aider à traiter leurs pensées et leurs

émotions et à mieux comprendre leurs points forts et leurs domaines de croissance.

2. **Prévoyez du temps pour la réflexion :** créez du temps et un espace dédiés à la réflexion et à l'auto-évaluation dans les routines quotidiennes des enfants. Cela pourrait se faire par le biais de contrôles réguliers ou d'activités de réflexion à la fin de la journée ou de la semaine, permettant aux enfants de faire une pause, de réfléchir et de définir des intentions de croissance future.

3. **Encourager l'adaptation :** enseignez aux enfants l'importance de s'adapter à des circonstances changeantes et d'apprendre de leurs expériences. Aidez-les à identifier des stratégies ou des approches alternatives face à des obstacles ou des revers et encouragez-les à faire preuve de flexibilité et

d'ouverture d'esprit dans la résolution de problèmes.

4. **Mettre en valeur les opportunités d'apprentissage :** Aidez les enfants à considérer l'échec comme une opportunité d'apprentissage et de croissance plutôt que comme un obstacle à la réussite. Mettez en valeur les leçons précieuses qu'ils peuvent tirer de leurs expériences et encouragez-les à appliquer ces connaissances à des situations futures, favorisant ainsi un cycle continu d'apprentissage et d'amélioration.

5. **Modèle de comportement réflexif :** Soyez un modèle positif en matière de réflexion et d'adaptation en partageant ouvertement vos propres expériences d'apprentissage et de croissance. Démontrez comment vous réfléchissez à vos réussites et à vos échecs, ajustez votre approche si nécessaire et

continuez à vous efforcer de vous
améliorer au fil du temps.

6. **Fournir des conseils de soutien :**
Offrir des conseils et un soutien pendant
que les enfants naviguent dans le
processus de réflexion et d'adaptation.
Soyez patient et empathique lorsqu'ils
sont aux prises avec leurs émotions et
leurs idées, et encouragez-les et
rassurez-les sur le fait que l'échec fait
naturellement partie du parcours
d'apprentissage.

En normalisant l'échec dans le cadre de
l'apprentissage et en encourageant la
réflexion et l'adaptation, vous aidez les
enfants à développer la résilience, la
persévérance et l'état d'esprit de
croissance nécessaires pour prospérer
dans un monde en constante évolution.
Votre soutien et vos conseils jouent un
rôle crucial pour aider les enfants à
considérer l'échec comme une
opportunité de croissance et à

développer les compétences et l'état d'esprit nécessaires pour surmonter les obstacles et réussir dans tous les domaines de leur vie.

Encourager la prise de risque et l'exploration saines

En tant que soignant ou éducateur, favoriser la prise de risque et l'exploration saines est essentiel au développement des enfants. En trouvant un équilibre entre sécurité et opportunités de croissance et en encourageant la curiosité et l'exploration, vous permettez aux enfants d'élargir leurs horizons, de renforcer leur confiance et de développer les compétences essentielles à leur réussite. Dans cette section, nous explorerons des stratégies pratiques pour promouvoir une prise de risque et une exploration saines chez les enfants.

Équilibrer la sécurité et les opportunités de croissance

1. **Établissez des limites claires :** fixez des limites et des lignes directrices

claires pour garantir la sécurité des enfants tout en permettant l'exploration et la prise de risques à l'intérieur de ces limites. Communiquer clairement les règles et les attentes, et fournir une supervision et des conseils si nécessaire pour aider les enfants à vivre de nouvelles expériences en toute sécurité.

2. **Évaluer les risques :** évaluer le niveau de risque impliqué dans différentes activités et environnements et prendre les précautions appropriées pour atténuer les dangers potentiels. Tenez compte de facteurs tels que l'âge, le stade de développement et les capacités individuelles pour déterminer le niveau de supervision et de soutien nécessaire.

3. **Encouragez les risques calculés :** Encouragez les enfants à prendre des risques calculés qui offrent des opportunités de croissance et

d'apprentissage tout en assurant leur sécurité. Aidez-les à évaluer les risques et les avantages potentiels de différentes activités et à prendre des décisions éclairées quant à l'opportunité de continuer.

4. **Fournir des conseils de soutien :** Offrez des conseils et des encouragements de soutien pendant que les enfants traversent de nouvelles expériences et de nouveaux défis. Soyez disponible pour répondre aux questions, rassurer et offrir de l'aide si nécessaire, tout en permettant aux enfants de s'approprier leurs décisions et leurs actions.

5. **Modèle de comportement de prise de risque :** Soyez un modèle positif en matière de prise de risque saine en démontrant votre volonté d'essayer de nouvelles choses, de relever des défis et de sortir de votre zone de confort. Partagez des histoires de vos propres

expériences de prise de risque et d'exploration, en mettant en évidence les précieuses leçons que vous avez apprises en cours de route.

6. **Célébrez les efforts et les progrès :** Célébrez les efforts et les progrès des enfants alors qu'ils s'engagent dans une prise de risque et une exploration saines, quel que soit le résultat. Concentrez-vous sur le processus plutôt que sur le résultat et félicitez leur courage, leur curiosité et leur volonté de sortir de leur zone de confort.

Encourager la curiosité et l'exploration

1. **Créez un environnement stimulant** : créez un environnement qui stimule la curiosité des enfants et encourage l'exploration. Fournissez une variété de matériels, de ressources et d'opportunités d'apprentissage et de découverte pratiques, et permettez aux

enfants de suivre leurs intérêts et de poursuivre leurs passions.

2. **Posez des questions ouvertes :** encouragez les enfants à poser des questions, à explorer des idées et à chercher des réponses à leurs curiosités en posant des questions ouvertes qui suscitent la conversation et la pensée critique. Favorisez une culture de recherche et de curiosité en encourageant les enfants à s'interroger, à spéculer et à enquêter.

3. **Promouvoir le jeu en plein air :** Encouragez le jeu et l'exploration en plein air comme moyen de favoriser la curiosité et la créativité. Offrez aux enfants la possibilité d'explorer les environnements naturels, de participer à des jeux non structurés et de découvrir les merveilles du monde qui les entoure.

4. **Soutenir les divers intérêts :** Respectez et soutenez les divers

intérêts et passions des enfants, même s'ils peuvent différer des vôtres. Encouragez-les à poursuivre des activités et des passe-temps qui attisent leur curiosité et leur apportent de la joie, et fournissez-leur des ressources et un soutien pour les aider à explorer davantage leurs intérêts.

5. **Encourager la prise de risque dans l'apprentissage :** Favoriser une culture d'expérimentation et de prise de risque dans l'apprentissage en créant un espace sûr où les enfants se sentent à l'aise d'essayer de nouvelles choses et de commettre des erreurs. Encouragez-les à relever les défis, à prendre des initiatives et à apprendre des réussites et des échecs.

6. **Offrir des opportunités d'apprentissage pratique :** offrir des expériences d'apprentissage pratiques qui permettent aux enfants de s'engager activement avec du matériel, de

manipuler des objets et d'expérimenter différents concepts et idées. Offrez des opportunités d'exploration, de découverte et de résolution de problèmes qui encouragent les enfants à penser de manière créative et critique.

En trouvant un équilibre entre sécurité et opportunités de croissance et en encourageant la curiosité et l'exploration, vous aidez les enfants à développer la confiance, la résilience et la pensée critique nécessaires pour naviguer dans les complexités du monde qui les entoure. Votre soutien et vos conseils jouent un rôle crucial en favorisant un sentiment d'émerveillement et de curiosité chez les enfants et en leur permettant d'aborder de nouvelles expériences et de nouveaux défis avec enthousiasme et courage.

Cultiver les compétences sociales et l'empathie

En tant que soignant ou éducateur, cultiver les compétences sociales et l'empathie chez les enfants est essentiel pour leur développement personnel et interpersonnel. En enseignant la coopération et la collaboration et en favorisant l'empathie et la compréhension des autres, vous permettez aux enfants de nouer des relations significatives, de communiquer efficacement et de gérer les interactions sociales avec gentillesse et compassion. Dans cette section, nous explorerons des stratégies pratiques pour promouvoir les compétences sociales et l'empathie chez les enfants dont vous avez la garde.

Coopération et collaboration pédagogiques

1. **Promouvoir le travail d'équipe :** encouragez les enfants à travailler ensemble vers des buts et objectifs communs en favorisant le travail d'équipe et la collaboration. Offrez des opportunités d'activités de groupe, de projets et de jeux qui nécessitent de la coopération et une résolution collective de problèmes.

2. **Modèle de comportement coopératif :** Soyez un modèle positif en matière de coopération et de collaboration en faisant preuve de communication respectueuse, de compromis et de travail d'équipe dans vos interactions avec les autres. Soulignez l'importance de travailler ensemble vers des objectifs communs et de célébrer les réalisations collectives.

3. **Attribuez des tâches de groupe :** attribuez des tâches de groupe ou des projets qui nécessitent que les enfants collaborent et apportent leurs forces et leurs perspectives uniques. Encouragez-les à déléguer des responsabilités, à communiquer efficacement et à se soutenir mutuellement pour atteindre des objectifs communs.

4. **Encouragez l'écoute active :** enseignez aux enfants l'importance de l'écoute active pour favoriser la coopération et la collaboration. Encouragez-les à écouter attentivement les idées, les opinions et les points de vue des autres et à exprimer leurs pensées et leurs sentiments avec respect et assurance.

5. **Résoudre les conflits de manière constructive :** Aidez les enfants à développer des compétences en résolution de conflits en leur apprenant

des manières constructives de résoudre les désaccords et les conflits qui peuvent survenir lors des activités de groupe. Encouragez-les à communiquer ouvertement, à écouter les points de vue de chacun et à travailler à des solutions mutuellement satisfaisantes.

6. **Célébrez le succès de l'équipe :** Célébrez le succès des efforts de collaboration et du travail d'équipe en reconnaissant et en louant les contributions de chaque membre de l'équipe. Mettre en valeur les forces et les réalisations du groupe dans son ensemble, en renforçant la valeur de la coopération et de la collaboration pour atteindre des objectifs communs.

Développer l'empathie et la compréhension des autres

1. **Favorisez la prise de perspective :** Encouragez les enfants à considérer les choses du point de vue des autres en posant des questions telles que «

Comment pensez-vous qu'ils se sentent ? ou "Devinez dans votre esprit ce qu'ils vivent ?" Encouragez-les à faire preuve d'empathie avec les émotions et les expériences des autres afin de développer une compréhension et une appréciation plus profondes de leurs sentiments.

2.   **Modèle de comportement empathique :** Modélisez un comportement empathique en faisant preuve de gentillesse, de compassion et d'empathie dans vos interactions avec les autres. Montrez aux enfants comment reconnaître et répondre aux émotions des autres avec empathie et compréhension, et encouragez-les à suivre votre exemple.

3.   **Pratiquez l'écoute active :** enseignez aux enfants l'importance de l'écoute active pour développer l'empathie et la compréhension. Encouragez-les à écouter attentivement

les pensées, les sentiments et les expériences des autres sans jugement ni interruption, et à valider leurs émotions et leurs points de vue.

4. **Encouragez le partage de perspectives :** créez des opportunités pour les enfants de partager leurs pensées, leurs sentiments et leurs expériences avec les autres, et d'écouter et d'apprendre des points de vue de leurs pairs. Encouragez une communication ouverte et honnête et favorisez une culture d'empathie et de compréhension au sein du groupe.

5. **Promouvoir les actions empathiques :** Encouragez les enfants à adopter des actions empathiques envers les autres en faisant preuve de gentillesse, de compassion et de considération dans leurs interactions. Encouragez-les à offrir soutien, assistance et encouragements à ceux qui en ont besoin, et à défendre ceux

qui pourraient connaître des difficultés ou de l'adversité.

6. **Discutez de la diversité et de l'inclusion :** facilitez les discussions sur la diversité, l'inclusion et la justice sociale pour aider les enfants à développer de l'empathie et de la compréhension envers les personnes d'origines, de cultures et de perspectives différentes. Encouragez-les à adopter la diversité et à célébrer les qualités et contributions uniques des individus de tous horizons.

En enseignant la coopération et la collaboration et en favorisant l'empathie et la compréhension des autres, vous aidez les enfants à développer des compétences sociales essentielles et une intelligence émotionnelle qui leur seront utiles tout au long de leur vie. Vos conseils et votre soutien jouent un rôle crucial en favorisant leur capacité à établir des relations positives, à communiquer efficacement et à naviguer dans les complexités du monde social avec gentillesse, compassion et empathie.

Relever les défis et l'adversité

Faire face aux défis et à l'adversité fait inévitablement partie de la vie, et en tant qu'aidant ou éducateur, soutenir les enfants dans les moments difficiles et renforcer leur résilience face à l'adversité est essentiel pour leur bien-être et leur croissance. En fournissant des conseils, des encouragements et des ressources, vous donnez aux enfants les moyens de surmonter les obstacles, de développer des capacités d'adaptation et d'en ressortir plus forts et plus résilients. Dans cette section, nous explorerons des stratégies pratiques pour relever les défis et l'adversité des enfants dont vous avez la garde.

Soutenir les enfants dans les moments difficiles

1. **Créer un environnement sûr et favorable :** Favorisez un environnement sûr et favorable dans lequel les enfants se sentent à l'aise pour exprimer leurs pensées, leurs sentiments et leurs préoccupations. Faites-leur savoir que vous êtes là pour écouter, soutenir et valider leurs expériences sans jugement ni critique.

2. **Soyez présent et disponible :** Soyez disponible pour les enfants dans les moments difficiles en étant présent, attentif et réactif à leurs besoins. Prenez le temps de vérifier régulièrement avec eux, demandez-leur comment ils se sentent et offrez votre soutien et votre réconfort.

3. **Validez leurs sentiments :** validez les sentiments et les expériences des enfants en reconnaissant et en acceptant leurs émotions sans

jugement. Faites-leur savoir qu'il n'y a rien de mal à se sentir triste, en colère ou effrayé, et rassurez-les en leur disant que vous êtes là pour les soutenir dans tout ce qu'ils traversent.

4. **Encouragez la communication ouverte :** Encouragez la communication ouverte en créant des opportunités permettant aux enfants de s'exprimer et de partager leurs pensées et leurs sentiments. Soyez un auditeur compatissant et offrez-leur un espace sûr pour qu'ils puissent parler de leurs inquiétudes, de leurs peurs et de leurs difficultés.

5. **Offrir un soutien pratique :** Offrez un soutien pratique pour aider les enfants à faire face aux moments difficiles, comme en fournissant des ressources, des conseils ou des références vers des services de soutien supplémentaires si nécessaire. Aidez-les à identifier des stratégies

d'adaptation saines et des pratiques de soins personnels pour gérer le stress et renforcer leur résilience.

6. **Modèle de comportements d'adaptation sains :** Soyez un modèle positif en matière de comportements d'adaptation sains en faisant preuve de résilience, d'optimisme et de compétences efficaces en résolution de problèmes dans votre propre vie. Montrez aux enfants comment relever les défis avec grâce et force, et soulignez l'importance de prendre soin de soi et de rechercher du soutien en cas de besoin.

Renforcer la résilience face à l'adversité

1. **Promouvoir un état d'esprit de croissance :** Favorisez un état d'esprit de croissance chez les enfants en mettant l'accent sur l'importance de l'effort, de la persévérance et de l'apprentissage de ses erreurs.

Encouragez-les à considérer les défis comme des opportunités de croissance et d'apprentissage, plutôt que comme des obstacles à craindre ou à éviter.

2. **Encourager les compétences en résolution de problèmes :** enseignez aux enfants les compétences en résolution de problèmes pour les aider à surmonter efficacement les défis et l'adversité. Encouragez-les à décomposer les problèmes en étapes plus petites et gérables, à réfléchir à des solutions possibles et à évaluer les conséquences de leurs actions.

3. **Développer des stratégies d'adaptation :** Aidez les enfants à développer des stratégies d'adaptation saines pour gérer le stress et l'adversité. Apprenez-leur des techniques de relaxation telles que la respiration profonde ou la pleine conscience, encouragez l'activité physique et l'expression créative et offrez-leur la

possibilité de participer à des activités qui leur apportent joie et réconfort.

4. **Construire des réseaux de soutien social :** Encouragez les enfants à construire de solides réseaux de soutien social en favorisant des relations positives avec la famille, les amis, les enseignants et d'autres adultes de confiance. Apprenez-leur à rechercher de l'aide en cas de besoin et encouragez-les à offrir leur soutien aux autres en retour.

5. **Promouvoir des schémas de pensée résilients :** Aidez les enfants à développer des schémas de pensée résilients en remettant en question les pensées et croyances négatives et en les remplaçant par des schémas de pensée plus positifs et plus responsabilisants. Encouragez-les à se concentrer sur leurs forces et leurs réussites passées, et rappelez-leur leur

capacité à surmonter les défis et l'adversité.

6. **Célébrez la résilience :** Célébrez la résilience et la persévérance des enfants face à l'adversité en reconnaissant leurs efforts et leurs réalisations. Mettez en valeur leurs forces, leur résilience et leur croissance, et renforcez leur confiance en leur capacité à surmonter les défis et à prospérer.

En soutenant les enfants dans les moments difficiles et en renforçant leur résilience face à l'adversité, vous leur donnez les moyens de relever les défis de la vie avec confiance, force et résilience. Vos conseils, votre soutien et vos encouragements jouent un rôle crucial en aidant les enfants à développer les compétences, les attitudes et l'état d'esprit nécessaires pour surmonter les obstacles et en sortir plus forts et plus résilients que jamais.

Célébrer les réussites et les progrès

Célébrer les réussites et les progrès est essentiel pour la motivation, l'estime de soi et le bien-être général des enfants. En tant que soignant ou éducateur, reconnaître et célébrer les réalisations et renforcer les comportements et les efforts positifs sont des pratiques essentielles qui aident les enfants à se sentir valorisés, motivés et confiants en leurs capacités. Dans cette section, nous explorerons des stratégies pratiques pour célébrer les réussites et les progrès des enfants dont vous avez la garde.

Reconnaître et célébrer les réalisations

1. **Reconnaissez les petites victoires :** Célébrez même les plus petites réalisations et les jalons pour renforcer les efforts et les progrès des enfants.

Qu'il s'agisse d'accomplir une tâche, de maîtriser une nouvelle compétence ou de démontrer un comportement positif, prenez le temps de reconnaître et de féliciter leurs réalisations.

2. **Créez des marqueurs d'étape :** installez des marqueurs d'étape ou des représentations visuelles des progrès, tels que des tableaux, des graphiques ou des autocollants, pour suivre les réalisations des enfants au fil du temps. Célébrez l'atteinte de chaque étape avec une récompense ou une reconnaissance spéciale pour motiver les efforts et les progrès continus.

3. **Organisez des cérémonies de reconnaissance :** organisez des cérémonies ou des événements de reconnaissance pour honorer publiquement les réalisations et les étapes importantes des enfants. Invitez les membres de votre famille, vos amis ou vos pairs à se joindre à la célébration

et à partager leurs réalisations, afin qu'ils se sentent fiers et soutenus.

4. **Reconnaissance personnalisée :** personnalisez la reconnaissance et la célébration des intérêts, des préférences et des forces de chaque enfant. Adaptez les récompenses et les incitations pour les aligner sur leurs objectifs et aspirations individuels, en montrant que vous valorisez et appréciez leurs contributions et réalisations uniques.

5. **Encourager la reconnaissance par les pairs :** Favoriser une culture de reconnaissance par les pairs en encourageant les enfants à célébrer les succès et les réalisations de chacun. Offrez-leur l'occasion d'offrir des compliments, des éloges et des encouragements à leurs pairs, renforçant ainsi les comportements positifs et bâtissant une communauté de soutien.

6. **Célébrez l'effort, pas seulement le résultat :** concentrez-vous sur la célébration de l'effort et des progrès plutôt que uniquement du résultat. Insistez sur l'importance du travail acharné, de la persévérance et de la résilience pour réussir, et félicitez les enfants pour leur dévouement et leur engagement à atteindre leurs objectifs.

Renforcer le comportement positif et l'effort

1. **Utilisez le renforcement positif :** Renforcez le comportement et les efforts positifs avec des éloges, des encouragements et des récompenses pour motiver une croissance et des progrès continus. Reconnaissez et célébrez les cas de gentillesse, de générosité, de persévérance et d'autres comportements positifs pour renforcer leur importance.

2. **Offrez des commentaires spécifiques :** fournissez des commentaires spécifiques et significatifs qui mettent en évidence le lien entre les actions des enfants et les résultats positifs qu'ils obtiennent. Reconnaissez les comportements ou les efforts spécifiques qui mènent au succès et félicitez-les pour leurs contributions.

3. **Définissez des attentes claires :** définissez des attentes claires en matière de comportement et d'effort et communiquez-les de manière cohérente aux enfants. Aidez-les à comprendre ce que l'on attend d'eux et pourquoi c'est important, et fournissez-leur des conseils et un soutien pour les aider à répondre à ces attentes.

4. **Utilisez des incitations et des récompenses :** offrez des incitations et des récompenses pour renforcer les comportements et les efforts positifs et motiver les enfants à continuer de

progresser vers leurs objectifs. Utilisez diverses récompenses, telles que des éloges verbaux, des privilèges, des autocollants ou des jetons, pour garder les enfants engagés et motivés.

5. **Encouragez l'auto-réflexion :** encouragez les enfants à réfléchir à leur comportement et à leurs efforts et à reconnaître le lien entre leurs actions et les résultats qu'ils obtiennent. Aidez-les à identifier les domaines à améliorer et à fixer des objectifs de croissance et de développement continus.

6. **Modèle de comportement positif :** Soyez un modèle positif en matière de comportement et d'effort en faisant preuve de gentillesse, de persévérance et d'une attitude positive dans vos interactions avec les enfants. Montrez-leur l'importance d'assumer la responsabilité de leurs actes et de faire un effort pour s'améliorer.

En reconnaissant et en célébrant les réalisations et en renforçant les comportements et les efforts positifs, vous aidez les enfants à se sentir valorisés, motivés et confiants en leurs capacités. Votre encouragement et votre soutien jouent un rôle crucial dans la création d'un environnement positif et stimulant dans lequel les enfants se sentent habilités à atteindre leur plein potentiel et à célébrer leurs réussites tout au long de leur parcours.

Conclusion

Alors que vous concluez votre parcours d'exploration des moyens de renforcer la confiance en vous chez les enfants, il est essentiel de réfléchir aux points clés abordés tout au long de ce livre et de réfléchir à la manière dont vous pouvez les appliquer pour soutenir les enfants dont vous avez la garde. En comprenant l'importance de la confiance en soi et en cultivant les compétences sociales et la résilience, vous avez acquis des connaissances précieuses et des stratégies pratiques pour permettre aux enfants de s'épanouir dans le monde d'aujourd'hui. Dans cette dernière section, nous résumerons les points clés abordés et proposerons quelques réflexions finales et des encouragements pour vous inspirer dans votre cheminement continu vers l'éducation de la confiance chez les enfants.

Résumer les points clés

Tout au long de ce livre, vous avez appris :

- L'importance de la confiance dans le développement global et le bien-être des enfants.

- Comment définir la confiance et ses composantes, ainsi que les avantages de renforcer la confiance chez les enfants.

- Les obstacles courants auxquels les enfants sont confrontés pour développer leur confiance en eux et les facteurs externes qui ont un impact sur leur confiance.

- Stratégies pour créer un environnement favorable à la maison, nourrir l'estime de soi et favoriser une image de soi positive.

- Des techniques de communication efficaces pour communiquer positivement avec les enfants et encourager l'ouverture et l'expressivité.

- L'importance d'encourager l'indépendance et la résilience dans la prise de décision et l'enseignement des capacités d'adaptation.

- Promouvoir un état d'esprit de croissance et l'établissement d'objectifs pour permettre aux enfants de relever les défis et de réaliser leurs aspirations.

- Stratégies pour considérer l'échec comme un élément naturel de l'apprentissage et encourager la réflexion et l'adaptation.

- Cultiver une prise de risque et une exploration saines en équilibrant la sécurité avec les opportunités de croissance et en encourageant la curiosité.

- Développer les compétences sociales et l'empathie grâce à l'enseignement de la coopération, de la collaboration et de l'empathie.

- Relever les défis et l'adversité en soutenant les enfants dans les moments difficiles et en renforçant leur résilience.

- Célébrer les réussites et les progrès en reconnaissant les réalisations et en renforçant les comportements et les efforts positifs.

Pensées finales et encouragements

Alors que vous poursuivez votre démarche visant à aider les enfants à renforcer leur confiance en eux, n'oubliez pas que chaque enfant est unique et peut nécessiter des approches et des stratégies différentes. Soyez patient, flexible et compatissant dans vos interactions avec les enfants et donnez toujours la priorité à leur bien-être et à leur croissance.

Adoptez le rôle d'un modèle positif, faisant preuve de confiance, de résilience et d'empathie dans vos actions et attitudes. Vos paroles et vos comportements ont un impact puissant sur le développement et la perception de soi des enfants, alors efforcez-vous de montrer l'exemple et de les inciter à atteindre leur plein potentiel.

Célébrez les progrès et les réussites des enfants dont vous avez la garde, aussi petits soient-ils, et encouragez-les à célébrer également leurs réalisations. En favorisant une culture de positivité, de soutien et d'encouragement, vous créez un environnement dans lequel les enfants se sentent valorisés, motivés et habilités à poursuivre leurs rêves et leurs aspirations.

N'oubliez pas que renforcer la confiance des enfants est un processus continu qui nécessite de la patience, du dévouement et de l'engagement. Soyez prêt à adapter et à faire évoluer vos stratégies à mesure que vous apprenez et grandissez aux côtés des enfants dont vous avez la garde, et ne sous-estimez jamais l'impact profond que vous pouvez avoir sur leur vie.

En vous lançant dans ce voyage, sachez que vous faites une différence dans la vie des enfants que vous touchez, en les aidant à développer la confiance et la résilience dont ils ont besoin pour réussir à l'école, dans leurs relations et dans la vie. Vos efforts sont inestimables et votre dévouement à nourrir la confiance des enfants est vraiment louable.

Avec de la persévérance, de l'empathie et un engagement ferme à soutenir la croissance et le développement des enfants, vous pouvez contribuer à façonner un avenir meilleur pour les générations à venir. Merci pour votre dévouement et votre passion à renforcer la confiance des enfants.